JN439893

처용, 詩 뜨락에 서다

[해조음 海潮音]

| 차례 |

축하와 격려의 박수를 보내며

김 재 홍
문학평론가
계간 '시와시학' 창간인 겸 주간

계간 '시와시학'의 부설 포엠토피아 포엠스쿨 '정숙시인반'과 '대구문학아카데미'에서 함께 공부하는 사람들이 동인지 '청향시문학회' 「처용, 시 뜨락에 서다」를 간행함에 있어 먼저 축하의 말씀을 드립니다.

계간 '시와시학'은 1991년 봄 '하늘엔 별, 땅엔 꽃, 사람에겐 詩'라는 캐치프레이스로 '생명사랑·인간사랑·자유사랑'의 시정신을 추구해 가는 우리 시단에서 가장 오래되고 권위 있는 시전문 계간지입니다. 아울러 포엠토피아는 21세기 글로벌시대, 인터넷시대를 맞이하여 시를 오늘 이 시대에 생활화하고 활성화하고자하는 의도로 출범한 시전문 포탈사이트입니다. 주지하다시피 '시와시학' 이 어느새 통권 60여 권 창간 15주년을 넘기고 장수의 기반을 마련한 것처럼 포엠토피아도 창립 4주년에 조회수 200만 건을 넘는 이 땅 최고 최대의 시전문 포탈사이트로 위상을 확보해가고 있는 모습입니다. 그만큼 계간 '시와시학' 이 활자의 향기, 종이의 향기를 통해 이 시대 시사랑의 마음을 뿌리내려가고자 한다면, 포엠토피아 포엠스쿨은 그것을 인터넷 세상으로 더욱 확대하고 심화해가고자 하는 노력의 일환인 것입니다.

그동안 포엠스쿨은 동인 여러분이 시단에 진출했는가 하면 지금도 지도 시인 정숙 선생을 중심으로 열심히 시를 연마하고 있는 바람직한 인터넷 문학사숙의 전형적인 모습이라고 하겠습니다. 이번에 특히 이 동인들이 문학창작의 뜻과 시사랑의 정성을 모아 동인지를 펴내는 것은 회원 상호간의 친목을 도모하고 더욱 활발하게 창작활동을 펼쳐가는 데 디딤돌을 마련하고자 하는 것으로 생각되어 고무적이라 생각합니다. 시창작은 혼자서 하는 것이지만 그것이 외롭고 고통스런 것이기에 동행이 꼭 필요한 것입니다. 서로의 상처와 절망을 감싸주고 위로해주면서 더욱 함께 정진해갈 수 있도록 뜻과 정을 결집하고 다짐하고자 하는 노력의 일환이라는 말씀입니다.

모든 인생사가 그러하듯이 이러한 문예동인지 발간은 어려운 일입니다. 그만큼 모든 회원들의 적극적인 참여와 열성이 있어야만 성공할 수 있을 것이 분명합니다. 모쪼록 참 좋은 시인인 정숙 시인을 구심점이자 좋은 안내자, 지도자로 하여 회원 여러분 각자가 진정성 있는 시, 감동을 줄 수 있는 시를 써 나아감으로써 개인의 발전을 이루고 우리 사회에도 이바지해 나아갈 것을 소망하고 또 기원합니다.

2006. 4

| 담임시인 |

정 숙 (처용아내)

경북 경산 자인 출생
계간지 〈시와 시학〉에서 등단
시집 〈신처용가〉 〈위기의 꽃〉 〈불의 눈빛〉 및 동인지 다수
인터넷 시마을, 포엠스쿨 정숙반 운영
대구 문학아카데미 시창작반 강의
http://poetjs48.ivyro.net
jungsook48@hanmail.net

풀뿌리의 아픔까지 느낄 수 있기를 (격려사)

안동 간 고등어 -간이 밴 여자-

| 격려사 |

풀뿌리의 아픔까지 느낄 수 있기를

여기 이미 몸과 마음에 간이 잘 밴 이들이 모여 더 나은 간잽이가 되기 위해 서로 의지하면서 동행을 약속한 아름다운 모임이 있습니다. '청향시문학회' 회원 여러분 모쪼록 모든 감각이 더욱 예민해지고 밝아져서 땅 밑 풀뿌리의 아픔까지 느낄 수 있도록 그리하여 서로 다독이고 위로하며 어려운 길 평생 함께 하시기를 기원합니다.

안동 간 고등어 –간이 밴 여자–

정 숙

맛이 있다는 것은
간이 잘 들었다는 말인가

간이 잘 절여졌다는 것은
간잽이가
소금을 맞갖게*잘 뿌렸다는 말이겠지만
제 고향 바다를 떠나 그 골짜기까지
험하고도 먼 길을 이리 치이고 저리 치이다보니
그 성깔, 생 속 다 죽이고
저절로 푸욱 절여져 나긋나긋 짭짤한
그 맛이 들 수밖에 없는 것이리라

무심히 흘러가기만 하는 시간과 터진 생채기에
덧씌워 뿌리는 사람 사이의 소금 말고는
매정스런 칼바람에다 살과 살 부딪히는 비린내와
뒷골목 썩은 냄새나는
삶의 현장만한
간잽이가 또 어디 있겠는가

* 입맛에 바로 맞게

| 초대시인 |

이화은

경북 경산 출생. 〈월간문학〉 등단
시집 〈이 시대의 이별법〉
〈나 없는 내 방에 전화를 건다〉 〈절정을 복사하다〉
〈포엠토피아〉 편집주간
shyihe@unitel.co.kr

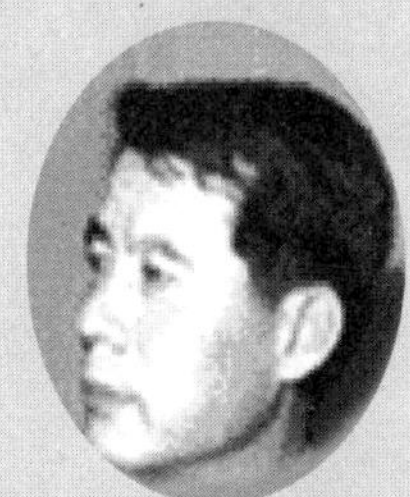

이기윤

경남 김해 출생. 〈시와시학〉 등단
시집 〈자전거와 바퀴벌레〉 등
현재 육군사관학교 국어국문학과 교수
〈포엠토피아〉 편집주간
kmakylee@hanmail.net

복효근

전북 남원 출생. 〈시와시학〉 등단
시집 〈당신이 슬플 때 나는 사랑한다〉 〈버마재비 사랑〉
〈새에 대한 반성문〉 〈누우떼가 강을 건너는 법〉
편운문학 신인상, 〈시와시학〉 젊은 시인상 수상

서정윤

대구 출생.
〈현대문학〉 등단
대구 시협상 수상
시집 〈홀로서기〉 외 다수

천 년 후에 묻는다

이화은

저 어린 감나무의 몇 대조
그 감나무집 여자였을까 나는
일천 년을 힘겹게 빠져나와
감꽃 그늘에서 숨을 돌린다
절은 없고 절터만 남은 성주산 성주사
불심도 영화도 한세월 건너간 바람의 보폭도
엄청 넓었노라고 석탑이며 연화대가
야무진 언어로 말해주는데
누구를 기다리시나 우두커니
마당귀에 서 있는 저 미륵
하반신을 땅에 묻었다 묻었다라는 말은
죽었다는 말이기도 하다면
아랫도리를 죽이고서야 미륵이 되었다는 말인가
미륵이 된 후 스스로 제 몸을
용서할 수 없었을까 저렇게
반만 살아남아서라도 기다려야 할
그 무엇이 이생에 있긴 있는 것일까
버들꽃으로 날아오르는 햇살 아래

미륵의 그늘을 읽어버린 나는 천 년 전
저 미륵의 상처였을까
무심코 주워 먹은 감꽃이었을까
끝없는 질문 속으로 누구신가 감꽃 아린 향내
슬쩍 밀어 넣는 그대는

무주의 여인

이기윤

손님을 다 비운 군내버스 기사들이
툭툭 젖은 흙을 털며
식어버린 올갱이 국물만 들이키고 있다
온종일 서울행 버스를 기다리는 그곳

손등 위로 묻어나는 눈발들을
털어버릴 생각도 없이 국밥집 여자
자목련 나무만 하루 종일 바라보고 있다

한겨울을 싣고 가는 트럭의 불빛이
여자의 눈 속에서 잠깐 보랏빛 꽃을 피웠다 끄곤 한다
남편을 태운 버스는 벌써
저 꽃가지를 지나가버렸는지도 몰라

지난 겨울 폭설 이후 오지 않는 남편을
기다리는 그녀에게 오늘도
버스와 눈발이 교대로 다녀갔다
겨울 무주에 가면 자칫 한 여자의 슬픔에
하차할지도 모를 일이다

목련꽃 브라자

복효근

목련꽃 목련꽃
예쁘단대도
시방
우리 선혜 앞가슴에 벙그는
목련송이만할까
고 가시내
내 볼까봐 기겁을 해도
빨래줄에 널린 니 브라자 보면
내 다 알지
목련꽃 두 송이처럼이나
눈부신
하냥 눈부신
저…

바람의 노래

서정윤

들어가고 싶어, 너에게
너의 깊숙한 틈 사이로
혼자 바쁜 심장, 속 영혼이 숨은 곳.
들어가 나의 흔적을 남기고 싶어.

바늘구멍 문풍지를 흔들며 '와와' 소리로
황소 떼가 달려 들어오듯이
붉은 단풍 색깔이 물관을 타고 올라와
잎맥 구석구석 퍼져나오 듯
너의 온몸 은밀한 곳까지
나의 표식을 발그스름하게 칠하고 싶어.

남기고 싶어, 가죽나무 향기.
물길 떨어지는 바위보다 더 깊이 새겨져
너의 기억에서 사라지지 않는
나의 체취로 남기고 싶어.
그래서
너의 전신으로 행복해하는 소리를
나의 속에 가두어 오래오래
가지고 싶어.

곽미영

대구 출생
대구문학아카데미 회원
포엠스쿨 정숙반 회원
〈한맥문학〉 등단
은시 동인
서울디지털대학 문예창작과 재학
angelgmy@ hanmail,net

목련

채석강 해넘이

가마우지

봄 산은 연두빛 바다다.
나는 그 생명력 넘치는 싱그러운 바다에
천천히 낚시대를 드리우고
펄쩍 펄쩍 기운차게 날 뛰는
맛깔스런 시어들을 건져 올리고 싶은 강태공이다.

목련

이른 봄 밤
그의 집 골목 어귀
가로등의 어깨에 힘없이 기대어서서
오래토록 그를 기다리다가
기어이 만나지 못하고 돌아오던 날

담장 위에 하얗게 걸어두고 온
천 마리 종이학

그의 가슴에 날아들고픈
내 마음이 접은

채석강 해넘이

용광로에 뜨겁게 달구어진
커다란 해 덩어리를 겁도 없이 삼켜 버린 바다를 만났네

뜨거워, 너무 뜨거워 붉은 피 토해내며 출렁이는
바다의 처절한 몸부림
내장이 다 타 버리는 고통 참지 못 한
바다는
주정뱅이처럼 비틀대며 파도를 끌고 멀리 달아나고
휑하니 타다가 남은 맨살, 검고 딱딱하네

불덩어리를 삼켜
그 속 숯덩이가 되어도 좋을
그런 뜨거운 사랑 아름답다며
바다가 끌고 달아나 버린
파도를 쫓아
나는 그 아픈 맨살을 밟고 걸어가네

가마우지

방금 물속으로 머리를 박고 들어가
붕어 한 마리 잡아먹고는
불룩해 진 배 툭툭 치며
젖은 바바리 자락 확 펼치고
햇살에 몸뚱이 말리고 서 있는
저 능청스런 녀석 좀 보세요
호수에 줄 지어 놀던 청둥오리들
대체 무얼 보았는지
머리 맞대고 킥킥, 웃고 있네요

이제 막 시작된 봄이
노랗게 웃고 있는 학교 울타리 옆
새로 산 교복 얌전히 차려입은
새내기 여고생들 앞을 턱, 막고 선 한 남자
베이지색 바바리 자락 펄럭, 펄럭
아래 쪽 맨살을 내놓고 서 있던
그 사람처럼

구순자

전북 익산 출생

〈대한문학〉 등단

포엠스쿨 정숙반 회원

버팀목 문학회 회장

window-gu@hanmail.net

호수에서 낚시를 하듯

내 인생의 샘물에서 시를 건져 올립니다.

사랑합니다.

애무합니다.

거미

자기 몸에서
뽑아낸 실핏줄을 날려
그물을 친다

사정거리 안에
시라는
이상한 벌레 한 마리 걸렸다

쉿!

바람이다

무단횡단

버스에서 내렸다
한참을 걸어야 횡단보도가 있다
좌우를 살펴 본 후에
쏜살같이 건넜다

무·단·횡·단

경찰이 다가와 신분증을 내라 했다

아뿔싸!

얼굴이 화끈거렸다
마음속에서 달아오르는
뜨거운 입김이 익모초처럼 씁쓸했다

싸다
벌금 이 만원
피 값보다, 훨씬

놀이터

작은 발자국들이 남아 있는 곳에

어둠이 짙어지자
가로등이
눈을 뜬다

구름 속에 있는 달빛은
고요를 다스릴 뿐

지금 작은 발자국의 주인들은
별을 따러
꿈나라로 가고 있는 중이다

기미숙

경북 고령 다산 출생
대구문학아카데미 회원
kms9435@hanmir.com

아직은 연록의 수준이지만
점점 신록과 녹음으로 짙어 갈 수 있으리라는
시를 향한 열정을 안고
한 걸음 한 걸음 발자국을 떼고 싶다.

비발디의 '봄' 의 연주를 들으며....

겨울 江

갈대의 속울음에 가슴 찢긴
바람이
살얼음 위를 건넌다
지친 세월 안고 꽁꽁 얼어붙어서

동면에 빠진 강 한가운데로
내소사 대웅보전 꽃 살 무늬가
수도 없이 피고 진 흔적 안고
그 바람을 받아들이려 안간힘인데

서로 끌어 안으려는
그들의 몸부림 아래로
봄을 기다리는 물줄기는 소리 없이 깨어
따뜻한 웃음 머금고 흐른다

유등연지에서

갯벌 냄새 가득 실은 해풍이 밀려왔는지
따가운 햇볕은 그늘에서 쉬고 있는
개구리 등짝까지 내려앉는다

자맥질하러
심연의 바다 깊숙이 몸 적신
짠 내 절은 해녀의 속살에선
맑은 연꽃향이 배어나고

그녀의 파리하게 젖은 속눈썹 사이로
연분홍 꿈, 무지개로 걸려있다

꽃게탕을 끓이며

동네 대형 슈퍼마켓 생선코너, 톱밥을 잔뜩 뒤집어쓴 국적불명의 꽃게들이 허공이라도 잡으려는지 다리를 허우적대고 있다. 딸애를 위해 과감히 도마 위에 올리고는 다리를 내려치려는 순간, 꽃게의 눈알이 툭 튀어나오면서 쏘아본다. 흠칫해서 그만 칼을 놓고 배고파하는 딸애를 흘깃 보다가 다시 칼자루를 잡고 힘껏 다리를 내려친다. 큰 집게 다리가 도마를 꽉 움켜쥐고는 놓질 않는다. 눈은 애원하듯 나를 쳐다보면서,

한 마리를 자르고 나니 잔인한 칼 놀림에 익숙해진다. 불길 흘리며 쏘아보던 그 눈빛도 애써 잊으면서 냄비에 가스 불을 켠다. 그 순간 모진 목숨은 움칠하면서 다리를 쭉 뻗는데 가슴이 철렁 내려앉는다. 잠깐 사이 마지막 남은 발까지 쪽쪽 빨면서 맛나게 먹은 딸애의 밥상 앞에는 조금 전 살겠다고 요동치던 게 껍질만 수북이 쌓인다. 그 앞에서 난 사죄하듯 중얼거린다.

"다음 생엔 꼭 사람으로 아니, 엄마로 태어나면 내 마음 알리라."

김기현

경북 김천 출생
대구문학아카데미 회원
사회복지사
clyceria1@hanmail.net

봄 우포늪
여름 우포늪
불시착

마음을 씻어주는 시 한편으로
어두운 들판을
환히 비춰줄 수 있었으면...

봄 우포늪

늪의 속살을
맨발로 자근자근 밟아본다
보들보들한 아기 볼기짝 같기도 하고
엄마의 젖가슴 살처럼 매끄럽기도 하다

그 젖가슴 만지며 젖을 먹고 자란
우렁 각시들
오늘도 뉘 집 뒤란에 숨어 있다가
몰래 밥솥에 불을 지피고 있는지

여름 우포늪

봄날 새 생명 잉태를 위해
자운영 꽃무늬 치맛자락으로 그렇게
연하고 나긋나긋하던 몸짓
다 어디 숨겨두고
우렁 각시와 생이 가래, 마름, 가시연꽃들의
하소연 들어주며
들풀들 무성한 밀림으로 가꾸느라
그 여자
언제부터인지
어깨 우람한 아줌마가 되어 있었네

불시착

수성못 변두리에 가면
언제부턴지
레스토랑이 된 비행기 한 대 서 있다
두 날개 자랑스럽게 편 채
곧 날아갈 듯

마음은 아직 날아갈 수 있지만
묶인 발목 풀어버릴 수 없어
주저앉아
꿈꾸는 이들을 기다리고 있다

찻잔은 식어가는데
창밖 먼 하늘만 바라보고 있는
중년의 한 남자 태운 채

김복순

경남 함양 출생
대구문학아카데미 회원
한우리 독서지도사
kbs6232@hanmail.net

향기로운 삶의 여울에 두 발 조심스레 담그고
소중한 인연 따라 가는데
와룡산 자락에 심은
그리움 하나가
그 여울물에서 찰방거리고 있다.

첫눈

설렘이 두려워서
기다리지도 않았는데
아침을 깨우는 햇살에 손 잡혀
창밖을 내다보니

밤새 몰래 다녀가려던
그, 새악시

하얀 겨울에 떨고 있는
여린 소나무에 업혀서
허리춤 속살 다 내보이며
발자국 숨기느라 안달 난 모습이다

어느 봄날

삶의 무게에 짓눌린 탓인지
남편의 쳐진 어깨가
웃음을 가둬버린 4월 아침
달성공원 꽃그늘 벤치에서
봄이 익어가는 소리에 귀 기울인다

꽃비 되어 흩날리던 벚꽃 잎은
꼬리치는 봄바람에 속아
이 품 저 품 안기다가
목련이 만들어 준 꽃방석에 앉은
불곰에게 입맞춤을 해댄다

아침 출근길
수심에 찬 남편의 얼굴이
꽃잎 속에 숨었다가 사라지는데
나비 한 마리,
봄을 낚느라 진달래 꽃밭을 서성이고 있다

계절이 바뀌는 길목에서

세월의 돌담 사이에 숨어있는 두려움들이
세상 속 이치를 간간이 전해주지만
시간은 토네이도보다 더 무섭게
한 계절을 날려 보내버린다

그 회오리에
불변의 믿음으로 저장했던 것들이 삭제되고
무수히 많은 것이 휩쓸려 변해가지만
때 묻은 습성과
가슴 언저리에 박힌 작은 돌 하나는
끝내 날려 보내지 못한다

그 틈새에서
미세한 감정의 덫에 휘말리어
속절없이 무너져 내리는 내 빈 마음과 몸이
간사하고 덧없는 시간의 수레바퀴에 깔려
신음하고 있다

김명희

경북 김천 출생
대구문학아카데미 회원
포엠스쿨 정숙반 회원
kmh4687@naver.com

유리못

첫눈이 줄자를 들고

조급증

두 팔 만큼의 사고 면적
고 만큼의 행복
또 다른 세상으로의 도전
행군 시작입니다.

유리못

처마 밑 가벼운 무게로 살포시 내려앉는
얼음 꽃이 되려다가
세찬 바람에 꽁꽁 묶여 긴 덩어리가 된다

찬바람 조는 사이 그 얼음 녹으면서
아픔이 모여 못이 되고
끝을 뾰족이 벼리느라 눈물 뚝뚝 흘린다

그러나
정화수 한사발로 빌던 그 정성
하늘 닿기도 전
한의 무게 견디지 못하고 곤두박질인가

고드름은
날 세운 끝 꽂히기도 전에 조각조각 깨지고 만다
단단한 세상살이 미처 한 발 내려놓기도 전에

애써 날 세운 끝 한 번 꽂아보기도 전에
스스로 깨어버리는 건 아닌지

첫눈이 줄자를 들고

첫눈이
온 세상 내 땅이라고 서로 다투면서 내려와도
그 면적 금세 사라지고
제 키 넘어 아무리 높이 쌓아 올려도
결코 든든한 벽이 되지 못한다

받아들이지 않으려 손사래 치는 절벽에도
잠시나마 흔적 남겨두고
햇볕조차 비켜가는 어둔 굴속에도
슬며시 젖어들긴 하지만

깔깔 웃으며 살아 춤추는 것도 한순간
한 방울 물로 사라져야 하는
너

공수래공수거
비우고 또 비우라는 부처님의
산 법문인가

조급증

물껍질 옥죄던 얼음 제풀에 족쇄를 풀고
엷은 물결 파르르 입질 시작이면
물속 손 담그고 있던 눈 버들
통통 물 튕기며 장난질이다

지난 봄 솜털 뽀송뽀송한 순이 가시내
제 애인 보여준다고
다 피지도 않은 내 몸뚱이 분질러 가더니

그 아픔 새 순으로 피워 보자고
찬 달빛도 온몸으로 데우고 있는데

그 가시내
다른 사내가 생겼는지
눈 빨리 뜨라며 날만 새면 성화라네

김미숙

전북 익산 출생
온글문학회원
포엠스쿨 정숙반 회원
youang03@hanmail.net

직선이 곡선에게
눈
달맞이꽃

그리움이 참 많습니다.
어린시절 걷던 긴 논두렁과 누런 보리밭
학교졸업후 여태 소식없는 단짝친구
그리고 늘 아픈 이름의 첫사랑,

그리움 때문에 시가 되고 행복이 있습니다.

직선이 곡선에게

누가
저 들에
자를 대고 반듯하게 선을 그었을까
흐트러지지 않는 길과
귀퉁이 날 퍼렇게 세운 논들과
허리 곧게 펴고 서있는 건물들
그 안에서 사는 네모난 목소리들
먼발치 서있는
산은
모두 둥그런 가슴인데
고찰의 지붕은 능선을 닮았고
제 신명에 구비 구비 흐르는 계곡물도
잡히지 않는 매끄러운 곡선
나무 열매도 종소리처럼 둥글기만 한데
모서리 하나 없는 흙을 딛고 선 내 몸도
어느 한 곳 직선이 없건만
왜 날카롭게 그어놓은 그 선에 갇히어
점점 네모가 되어가는가

눈

검은 강물 속으로 뛰어 든다
흐르기만 하던 네 가슴에
밤새 외워두었던 말을 던지면
눈물 밖에 될 수 없었던
내 사랑처럼 눈먼
흰 나비 떼

안타까워진 강물이
조금씩 흐름 멈추다가
새벽이 되자 새파랗게 얼어붙는다
비로소 방황을 멈춘 흰 나비들은
웅크린 강의 알몸 위에 누워
잠시 빛나는 생이 된다

달맞이꽃

길모퉁이 어디서나
밤새워 서성이다보면 행여
그리던 이 마주칠 날 있을까하여
기다리다가 누렇게 시들어가는 여인

혹시 그 여인 눈에 자꾸 밟히거든
밝은 낮 지름길로 가지 말고
달빛 서럽게 푸른 밤
강 언덕 에돌아 숲 속 오솔길로 가시지요

깊고 어두운 그 길목에서
하염없이 제 붉은 피로 몸 살라
노란 꽃등에 밝힌 불빛 헤아리고 있답니다

김성덕

경기 화성 남양 출생
포엠토피아 신춘문예 등단
시집 〈첫사랑〉
포엠스쿨 정숙반 회원
현재 국립 한밭대학교 교수
sdkim314@hanmail.net

4월 엽서
연필심으로
교통체증

나를 슬며시 깨워 놓고
바라보다간 말없이 돌아눕는다,
나의 詩는 언제나 …

4월 엽서

봄빛 그윽한 각연사 앞뜰
늙은 보리수나무에 굴집을 짓고 있는
오색딱따구리 한 마리
딱, 딱, 딱 …
젊은 스님의 목탁소리 행간에 몰래 숨어
능청스레 암컷을 부르다가
순간, 부리를 세워 숨을 멈춘다

색즉시공 공즉시색*

대웅전 추녀에 베여 동강난 고요가
댓돌 양기를 지그시 밟고 있는
하얀 고무신 안으로 똑, 똑, 똑
떨어지고 있다

* 色卽是空 空卽是色 : 『반야심경』에 나오는 말로, 형상은 일시적인 모습일 뿐 실체가 없으며 실체를 갖지 않아도 형상이 있다는 의미

연필심으로

날 선 면도칼이
여러 빛깔로 위장된 거죽을 모두 벗겨내고
약한 심心을 조심스럽게
갈고 갈아내야
비로소
하얀 종이 위에다
쓸만한 詩 한 수를 앉힐 수 있다

때론 칼로 도려내는 아픔들을 거치고
흑연 같은 상처를 남겨가면서도
여린 마음을 정성스럽게
갈고 닦아내야
때 절은 무대 위에다
소중한 드라마 한 편을 올릴 수 있는
사람살이처럼

교통체증

지친 마흔을 넣고 시동을 건다
밤은 어느 사이 초록빛을 삼켜버리고
회색 안개를 게워낸다
요즘 세상이 어떤 세상인데
독 바른 비수 하나 가슴속에 품지 않고
좀 벌레에 먹힌 백짓장처럼
바람에 흔들리기만 하는 그믐달, 떴다
시간은 비탈길을 넘느라 숨을 고른다
도수 높은 샐러리맨 안경이 절벽 40층에 걸려있다
네거리 신호등은 푸른 빛을 잃어버렸는지
아직 붉은 올빼미 눈이다
올림픽대로에는 긴 꼬리 꽃뱀이 움직이지 않는다
한강 물위에 마른 시래기 몇 잎
헤진 스타킹 허물처럼 바람에 떠내려가는데
나이 마흔, 거기 멈춰 있다

김청자

경북 상주 출생
〈불교문예〉 등단
대구 근로자 문학상 수상
포엠스쿨 정숙반 회원
poemlove3454@hanmail.net

불륜의 세월 5년

죽도록 사랑합니다.
죽도록 그립습니다.
곁에 있어도 애달아 늘 목이 마릅니다.

가깝고도 먼 당신.

미혼모

늦가을 만찬
다 돌아간 우리 집 빈 정원에
수군수군 뒤척이는 소리

누구 떠나지 못하고 있나
내려섰더니
동백나무 어린 것 까칠한 얼굴로
잉태의 숨결 할딱이고 있네

봉곳 솟아오른 연두의 몽우리
입덧의 길 힘겨운지
햇살을 토하고
원망을 토하고
헛구역질해 대는 사랑

차가워진 바람 뒤에 숨어서
혼자 감당해야 될 시간들을 접어, 접어
서러운 봄을 기다리네

반달

따지고 보면 아무 것도 아닌데
그녀에게 화만 내다가
한 발짝 물러서서 이해 해 줄 건데 후회하며
돌아서는 길

태풍도 진눈깨비도 다 품어내던
둥글었던 내 마음인데
도대체 어딜 갔기에 이렇게 뾰족뾰족 모가 났을까

올려다 본 하늘에
아, 글쎄
어제 잠시 헛발 한 번 디뎠을 뿐인데
언제 빠져 나갔는지
내 마음 반쪽이 하늘 가장자리에
차갑게 걸려있는 것 아닌가

저려오는 방구들 더 식기 전에
서둘러 군불 지피라는 뜻인지

폐선

동성로 지하상가 내려가는 계단 중간 쯤
망망대해에 지친 한 몸이 떠 있다
어디서부터 항해를 시작했는지
시동 꺼진 낡은
신발은
앞 축 뒤축이 다 닳아
사람들의 시선을 밀고 들어온다

곳곳에서 수군거리는 소음
낮은 파도에도 닻이 기우뚱거려
군데군데 깁고 때 절은
삶의 무게
그 과적이 더 이상 항해는 무리인 듯
온 몸을 말아 쥐며 웅크린다

한때는 만선, 만선을 외쳐대었을 몸이
이젠 멸치, 꽁치 몇 마리도 실을 수 없나보다
갈매기마저 떠나고 등대도 없는지
어둠 속으로 서서히 가라앉는 중이다

김현자

충북 괴산 출생
대구문학아카데미 회원
hurijia37@hanmail.net

상사화相思花
11월의 느티나무
용담 꽃

동백처럼 화려하진 않아도
은은한 향 품어내는 천리향 같은
시 한 편 쓰고 싶었습니다.
아직은 풀꽃처럼 여리기만 한 나의 시어들
덜컥 내려놓고선 자꾸만 숨고 싶어집니다.

상사화相思花

푸른 대궁 속 실핏줄
한 올 한 올 끌어올려
산발한 듯 풀어헤친 붉은 마음

스치듯 비켜가 버린
사랑
오늘도 찾아 헤매는
그리운 정인情人 선덕이시여!

서라벌 성내를 떠도는 마음의 불
황금 팔찌로는 다스려지지 않아
그대 발치에 혼절하듯 엎드린
지귀*의 넋

그날 이후
저승에서도 영영 엇갈려버렸나
그 남자
그 여자

*선덕여왕을 사모하다 죽어서 화귀(火鬼)가
되었다는 지귀설화(삼국유사와 수이전)

11월의 느티나무

여름내 그늘 넓히느라
갈맷빛*으로 곧추세웠던 마음
나지막이 수평으로 눕히고

묵언 정진하려는지
제 이파리 거두어들이고
고요히 동안거冬安居에 드는가

지천명의 그 사내

* 갈맷빛 : 짙은 초록을 일컫는 우리말

용담 꽃

따습던 제 시절 마다하고
무에 그리 그리운 사람 있어서
철지나 뒤늦게 山門 밖 서성이는가

立冬 지나서도
저리 청청하게 기다리는 걸 보면
필시
수도암 부처님도 모르는
아슴했던 열아홉 첫 사랑과의
그 어떤
잊지 못할 언약 하나 있었을 게야

짧은 하루해가 야속한지
꽃 한 송이
저리 늦도록 저물지 못하는 걸 보면

김형범

충북 제천 출생
대구문학아카데미 회원
hbkim1173@hanmail.net

고물장수와 고물
우포늪에서
빈집

살다 보면, 마음을 맑은 유리창같이 닦고
찌든 걸레 하얀 옥양목같이 삶고 싶을 때
봄볕에 젖은 날개 바싹 말려
새털처럼 날 수 있는 향기로운 시 한편
가지고 싶다.

고물장수와 고물

금방 부서질 것 같은 마른 장작 다리로
등 굽은 노인이
고물 수레에
헌 신문지와 부서진 텔레비전을 넘치도록 싣고
언덕길 끙끙 기어오르고 있다

그 덜그럭거리는 수레에 편안히 앉아 가는
재활용품 고물은
서로 제 몸이
몇 푼은 더 나간다고 우기며
거드름을 떨고 있다

우포늪에서

부끄럽다
백 년을 살지 못하는 하루살이의
삶들이
미워하고 질투하고 화내며
또 너무 쉽게 사랑한다고 다짐했다가
가시 돋친 작은 말 한마디에 금세 마음이 휙 변하는데

일억 사천만 년 동안 그 자리 의연히 지키고 앉아
하찮은 철새에게도
늘 푸근한 미소로 맞아주며
작은 풀, 이끼 하나도 끔찍이 보듬는
어머니
그분이 여기서 기다리고 계셨네

빈집

횡하니 바람만 맴도는가
담까지 넘쳐 나던 웃음소리
훌쩍 떠난 뒤 돌아오지 않고
목 꺾인 안테나 위
나팔꽃이 흘러간 시간을 뒤돌아본다
늦은 밤 귀뚜라미들이
전화벨 요란스레 울리고
젖은 달빛만이
빈 마당에 내려앉는다

류영환

경남 양산 출생
월간 〈문학공간〉 등단
시집 〈빛과 생명〉
포엠스쿨 정숙반 회원
현재 (주)글로리아파크 회장
yyh3793@hanmail.net

거듭나지 않고는
영원한 것은 없다.
수목장이 된 분골은
나무를 키우고
어느 날 열매 맺는다.

이 迷妄의 땅에

수꽃술의 꽃밥 속 하얀 씨털
꽃가루가 바람 타고 날아다닌다
정착할 곳이라곤 없어 허공에 수없이
공허한 몸짓만으로 오월의 밀실, 자궁을 찾는
너와 나의 풍매화의 여정은 생존을 위한
자연의 섭리인 것을

북풍의 공포로 어수선한 이 미망의 땅에
울울창창할 연민의 꽃과 나무를 위해
가슴 벅찬 분홍빛 설렘이 있었다면
어느 별과 잉걸의 만남이던가

마음이 가난하여 구름처럼 울적한 날
그 별이 제 몸 찢어 꽃잎의 날개 달고
길눈의 화살로 주룩주룩 단비를 내린다
땅과 하늘의 구분 없이 등불 밝히는
초록의 생명길을 안내하면서

생사를 초월해 영원한 네루다는 그래서
초록의 잉크로 생명의 시를 썼나보다

봄

조루증 환자인가

가슴에 점점 뜨거워지는
그리움 새기면서
그렇게 기다렸는데

한번 왔다하면 잠깐 꽃망울 터뜨리고
잽싸게 달아나는

그믐달

하늘이
무게의 중심이 없어

꽉 찬 생명들
은하수 따라 모든 것 다 흘리다가

달마저 흘릴 뻔하자
겁에 질린 달이 구름 등 뒤에 숨었지만

순명의 너그러움에
날까마귀 흰 깃털 하나만 남아있다

류호숙

충북 영동 출생
〈문예비전〉 등단
은시동인
포엠스쿨 정숙반 회원
(주)삼성이주공사 대구지사 지사장
jebipul@hanmail.net

하늘 향해 제 몸 들어올리는
잎새처럼
맑은 휘바람 한 옥타브 높여
달려가는 시간들
옷섶 사이로 살짝 올려 놓는다
따스한 빛깔의 온기로……

코스모스

바람이다
바람이 신천 물길 따라
곱게 단장하고 춤추고 있다
가끔 멍하니, 때론 생각에 잠기면서
원하나 그려놓고 체면 없이 나도 춤추고 있다
파란하늘로 손짓하며 꽃잎이
나비되어 날아오른다
다시 파도가 되어 출렁인다
자신을 잊어버리고 서로 다독이며
눈빛을 마주한다
조율되지 못한 숨 가쁨이 동백꽃처럼 눈물지던
날들의 그리움이
바람과 몸 섞으며 실핏줄처럼 섬세하게
살갗 속으로 파고들어 꽃잎을 열게 했던 것
이제 가을바람과 꽃잎과 내가
한 몸 한 마음으로 하늘을 마구 흔들고 있다

가을 수채화

빈 커피 잔에
가을비
내려앉는다

저 하늘 끝자락
돌아나가는
철새
울음도
내려앉는다

흐르는 노을 속으로
서 있는
내가
내려앉는다

임종

시골장날의 하루가 터덜거리는 버스 안에서 저문다
장꾼도 짐도 다 덜어내고 가벼워진 자리에
쥐꼬리만큼 남은 해 힘 잃고 떨어지기 직전이다
허 한 속 채우듯 라디오의 소리는
꺼질 줄 모르고 잡음이다
덜그렁거리며 숨을 고르던 고갯길에서 컥컥
골다공증에 시달리듯 탈골되어 삐걱거린다
덕지덕지 먼지 붙은 창살
다 헐어 아픔을 느낄 수 없을 정도로
녹슬어 휘어져 어설프다
골골거리다 끝내 꺼지는 시동
다시 걸리지 않고 가던 길 멈춰 서서 어둠을 맞이한다
폐차장은 멀리 있는데
그 골골거리던 소리 환청으로 들으며 숨고르기 하는
할머니, 오일장 난 전에 남겨둔 젊음과
갈고리 같은 손에 꼭 쥐어져 있는
삶의 끈으로 한참동안
별을 잡으려다 허공을 휘젓는다

박금출

경기 동두천 출생
입안에 행복 치과의원 원장
치아모 회장
포엠스쿨 정숙반 회원
pkc5138@hanmail.net

오늘도 '내 마음의 사우나'를 위해
시인들을 만나
맑은 시심의 향기를 한잔 마셨고
집에 돌아와 부족한 시를 다듬다 보면
내 마음의 텃밭엔 어느새
갓볶은 커피향 나무가 하나둘 심어져간다.

셀프 카메라

'추억' 이라는
색 바랜 무성 영화 속에 선
지우고 싶은 삶의 일그러진 조각들마저
크리스마스 장식으로 반짝인다

철부지 시절 사진기만 들이대면
찡그린 얼굴도 주름진 마음까지도
'김치!' 하며 다림질했던 기억들이
살가운 그리움으로 남아 있는데

지금 이 순간에도
어디선가 나를 부르며
찰칵, 찰칵, 돌아가고 있을

내 인생의
셀프 카메라

오늘 하루

'오늘' 이라는 영화를 보는
하루

멋진 장면이 있다면
코끝을 찡 울려주는 대화가 있다면
예상치 못한 드라마가 펼쳐진다면
즐거운 하루입니다

재미있다면
평범했다면
많이 지루하지 않았다면
그것은 좋은 하루입니다

괴로웠지만
시야를 넓혀준 그 아픔마저
고마울 수 있다면
언제나 즐겁고 좋은 그러나
허무한 하루입니다

낚시론

왜 잡히지 않는 고기만 항상 기다리는 걸까?
기대가 클수록 미지의 것일수록
욕심을 내게 되는가

왜 잡힌 고기는 금방 상해버리는가?
한세상 스스로를 희생했건만
잊혀 가게만 되는가

왜 놓친 고기는 항상 아름다워야 하는가?
아쉬움이 클수록 잘 모를수록
환상의 여인으로 생각하게끔 하는 것인가

사람들은 왜 모르고들 있는가?

기다리는 고기보다
놓쳐버린 고기보다
나에게 잡혀버린 고기에게
늘 무릎 꿇고 감사해야 하는가를

박명옥

전북 전주 출생
〈문학공간〉 등단
포엠스쿨 정숙반 회원
dhr242@yahoo.co.kr

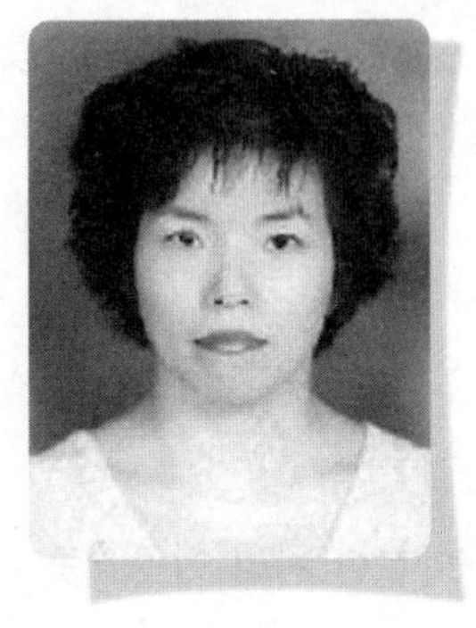

개살구 지레 터지다 – 말
결빙
채석강에서

소리없이 성숙해지는
색채들의
형성 과정이 궁금했습니다.

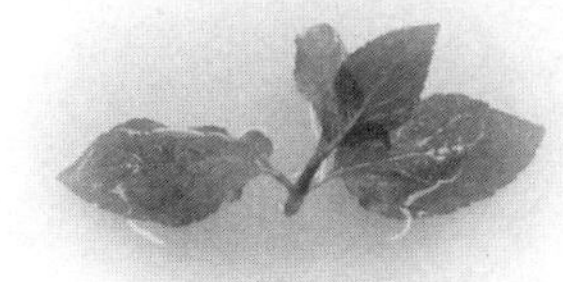

개살구 지레 터지다
– 말

여물지도 않은
입술로
까칠한 거리 이곳저곳 서서 기웃거리다가
바람머리, 거친 어금니에 깨물려
불안과 두려움에 떨었는지

안겨오는 입 맛 쪽쪽
시고 떫다

결빙

몸은 이별할 수 있어도
마음만은 도저히 이별할 수 없다는 듯
시시때때로 바람 매질하던
남정네 하나

한 움큼씩 길어 올리는
찬 물결에
앙칼스러움이 그리도 깊었던 겐지

질긴 몸부림 속
꽁꽁 얼어붙은 손끝으로
긴긴
백지 편지를 쓴다

채석강에서

철썩대는 열여덟 숫총각의
풋 마음 더욱 가까이 느끼고 싶어서
신발을 벗고 맨발로 다가서는 나를
모래알로 감싸 안고
도리 방망이질하던 강의 설렘도 아닌

청명한 하늘
퉁기면 청아한 소리 울릴 것 같은 몸짓으로
아무나 붙잡고 영양제를 투입하던
햇살 링거도 아닌

수면에 꼬리를 찍어 대던 말잠자리의
경륜 선수처럼
소나무 숲을 날쌔게 돌고 있는
아주 작은 동그라미 속에
내가 그렇게도 찾던 깃발 하나가 걸려 있었다

박시하

전북 부안 출생
포엠스쿨 정숙반 회원
2006 포엠토피아 신인상 당선
(주)해초동산 대표
www.haechokim.co.kr

시래기 국을 먹으며
가을 남자
복상사

나는 내 새끼들을 사랑합니다.
어쩔 수 없는 나의 분신이기 때문입니다.
비로소 세상에 내놓는 나의 시도 마찬가지입니다.
이 애비는 상관없습니다. 내 이름은 상관없습니다.
다만 좀 더 많은 사랑으로 살기를 바랄 뿐입니다.

시래기 국을 먹으며

속 노란 김장 배추의 튼실한 결구가
네가 잘나서만 된 줄 아느냐
상큼 달큼하면서 아삭아삭한
맛 결코 홀로 이룬 게 아니다

밀어내려는 뿌리의 가장자리를 죽어라고 붙잡고
허방에다가라도 등을 버팅이며 버팅이며
가슴으로 눈물로 감싸 안아 준
그래, 혹 지금은 한 갓 노숙자로 떠돌고 있겠지만

오늘은 김장을 마치고
지난 시대의 마지막 어머니들 아버지들 같은
밀리고 밀리다 너덜너덜 헤진, 생각과 뜻이 무르익은
시래기 된장국을 먹으며

이 저녁에 오들오들 떨며
가슴속이 시리다 못해 헐어있을
그분들의 겨울을 깊이 끌어안는다

가을 남자

알밤으로 영그는 이 마음

속껍질까지 벗겨져

오도독!

그대 사랑니에

깨물리고 싶어라

복상사

이 나라의 봄이 죄라면 죄다

이젠 제법 포동포동한 살과
불그레 물오르는 너의 뺨

동 서 남 북 서로 손잡고
부러진 허리께
아리랑 한 고개 넘어갈 때
숨이 차 파닥이는 내 날갯죽지 꺾이고
허파의 바람소리 멎는다 할지라도

구비마다 숨어 기다리는
설레는 분홍 살빛과 연초록 젊음 끌어안고
밤새 사랑 한 번 뜨겁게 하고
백두대간 네 품에서
후회 없이 죽는다면, 그렇게 죽는다면

나, 원이 없겠네

배문기

경북 안동 출생
포엠스쿨 정숙반 회원
대구근로자문예상 수상
대진제지공업[주] 재직
mkbae72@hanmail.net

비등점

비누

숨구멍

난 오늘도 엎드려 받아쓰기를 한다.
자연이 불러주는 대로 보여주는 대로
그러나 단 한 줄의 詩도 제대로 받아 적지 못한다.

비등점

삼월, 때 아닌 폭설이 내렸다
눈발들이 눈망울 반짝이며 비수를 들고
속세의 묵은 먼지 말끔히 덮어 버리겠다며
산과 들의 경계마저 지워버렸다
온 세상 눈부시도록 깨끗했다
그러나 그것도 잠시
아침 햇살에 힘없이 녹아 질척인다
깨끗하다는 것은
더러움에 그렇게 빨리 물드는가
세상을 견디어 살아가는 데는
찌를 듯한 저 눈발의 기상도
흙탕물 일으키는 찌꺼기의 혼자 힘도 아닌가 보다
그 두 힘이 서로 섞이면서 녹아들어야
벚나무는 제 꽃봉오리를 키우고
산수유도 노랗게 꽃등을 내다 거는 걸 보면
서로 얽히고설켜 부글부글 끓어올라야
꽃도 피워낼 수 있는가 보다

비누

내 여자,

서른 세 해 동안 내려앉은 온갖 먼지와
아직도 지워버리지 못한 작은 꽃송이들까지
적당히 촉촉하게 젖은 몸매로 나를
샅샅이 뒤적이면서 간절히 탐닉한다
뼛속의 바람기까지 사랑하고픈지
무지갯빛 거품을 일으키며
포근히 안아주다가
머릿밑 뿌리에서 발가락 사이의 때까지
훔쳐 내리기도 한다
그사이에 조금씩, 조금씩
제 몸 닳아서 없어지는 줄 잊어버리고
아직도 가슴이 설레는지
손 내밀어 잡으려고 하면
살며시 돌아서거나 자주 내 손을 놓치곤 하는

바보,

숨구멍

강가의 미루나무들이 화려했던 웃음 거두고
겨울로 돌아서면
넉넉한 마음으로 항상 주기만 했던 강물이
갑자기 칼끝을 날카로이 세워
바람도 미끄러뜨리고 햇살도 거부한 채
마음의 문을 꼭 닫아 얼어붙어 쩡, 쩡 울부짖더니

차가워진 바람 탓인가
부풀고 부푼 욕정을 억누르지 못한 탓인가
큰 바위, 강가의 자갈마저 다 삼키지 못한 탓인가

어느 날 더 이상 참지 못하고
결국 제 몸 도려내어 마음의 문을 열려는지
조금씩 조금씩 동그랗게 길을 열며
바깥 동정을 살피고 있다.
세상을 향해 화해의 눈짓을 보내고 있다
간절히 봄을 기다리면서

손수진

충북 옥천 출생
2002년 〈문학과 의식〉 평론 부문 등단
2004년 〈불교문예〉 시 부문 등단
포엠스쿨 정숙반 회원
urdreamer@korea.com
urdreamer@lycos.co.kr

언어의 밭에서
잘 익은 홍시 하나
이마를 쳐주기를 기다려왔으나
이젠
경작의 노고 아끼지 않는
농부의 자세를 갖추고 싶다.

세심동洗心洞 여름 풍경

산골 계곡의 얼어붙던 시절을 지나
봄 깊도록 기척 없던 개심사 앞마당 목백일홍
어느 폭우 속 벼락의 씨를 혈관에 점화하였는지
죽었던 몸에 홀연 핏기가 돌고
밤마다 끙긍 용쓰면서 물관 따라
숨가쁘게 기관차 오르내리는 소리 들려오더니,
지심地心에서 마그마를 끌어올려
푸른 땔감 가득 쌓아둔 우듬지부터 사나운 불길 쏟아낸다

거슬러 내리는 뜨거운 불길에 소신공양하는
배롱나무, 용암을 핏빛 꽃으로 피워
석달 열흘 혼신의 힘으로 기도 올린다
살 타는 내음이
세심동의 여름을 더욱 깊어가게 하는데
바람이 연못으로 목백일홍이 날려 보내는 불씨 하나
수련이 제 가슴에 슬쩍 품더니
긴 시간 연단煉丹 끝에 드디어

하얀 보살님을 고이 받들어 피워 올린다

능소화

떠올리려 할수록

더욱 작아지는

그대, 어느 씨방으로 박혀

지금

이 순간

누구를 위해

환하게 미소짓고 있는가

봄

어린이대공원 옆을 지나칠 땐 어김없이 고개를 돌려 담장 안을 들여다보는데요. 어느 날 흰구름 하나 늙은 벚나무에 앉아 몸을 풀데요. 목화송이 닮은 꿈 부풀려 튀밥처럼 펑펑 터트리면서요. 눈치 살피던 구름들 새떼처럼 몰려와 나무마다 가득 앉아 재재거리기 시작하데요. 내려앉은 구름의 몸 커지고 나무 흔들리고 구름떼 푸드득거리고 나뭇가지들 요동치더니 우듬지까지 뭉게뭉게 솜사탕 피어나데요. 햇살까지 신이 났는지 구석구석 어루만지며 봄을 뜨겁게 데워주데요. 그 동안 남모를 사랑이 깊어갔던가요. 구름들, 아쉬움의 징표로 지상에 제 깃털들 무수히 떨어뜨리며 일제히 날아오르던데요. 사랑에 눈을 뜬 나무들 수줍어하며 배웅하더니 나무의 흰 몸에 사랑 자국 붉게 번지기 시작하던데요. 팔뚝마다 연분홍 꽃구름 상처를 안고 초록 꿈 싹틔우기 시작하던데요. 그 자식들 하늘 바라며 무럭무럭 자라는 소리 들리던데요.

손희윤

대구 출생
〈한맥문학〉 등단
포엠스쿨 정숙반 회원
건설기술인
hyson8@hanmail.net

고드름

품속에서 지다

반달

잠시 뒤돌아 본 내 인생의 파노라마는
시어의 사생화였고
삶에 부쳐지는 사유의 즐겨함이었다.
반란이 아닌 화음이었고
저항이 아닌 포옹이었다.

고드름

하늘의 손가락질인가

산기슭 버티고 서서
화살촉 곤두박질로 내리꽂아

분별없이 살아가는
내 이생을 나무라는

눈부신 은총인가

품속에서 지다

시시 때대로 보름달같이 떠 오른
아련한 그 모습에 눈물 적시었어도
결코 가슴 따가운 각혈은 없었는데

양털처럼 포근한 꿈속에서나 만날
내 사랑 가슴에 안고
미처 고백 못한 숨소리 법고로 울리고 싶어도
이승 아닌 저 곳은
눈물 한 방울도 허락치 않는다고

먼 바다 멀리 유골로 뿌린
사랑, 그대에게 쓰는 편지봉투 끝에
'엄마 사랑했어요' 라는 우표 부치려
혓바닥에 대는 순간

침 대신 피가 묻어나왔으니

반달

입술 조금 열린
분홍장미 봉오리 같아 짝사랑했던
바람기 많던 옆집 누나
한여름 밤중
애인 만나고 오는 길에
미처 잠그지 못한
검은 색 블라우스 단추 사이로
살짝 비춰진
가슴 한 조각
단 한번 훔쳐본 죄로
어쩌다 가물가물 봄바람 부는 날
담벼락에 뜰 때마다
얼굴 붉어지며
가슴 두근거리게 하던
내 어린 날의 순정은

신단향

경북 군위 출생
2005년 문학과 육필 신인상
한국육성시 보존협회
시와 창작 작가회
문인협회 안산지부
나문재 문학회
포엠스쿨 정숙반 회원
johta0625@naver.com

달렸습니다.
그리고 끝닿는 곳까지 달려 보렵니다.
저 만큼 시가 보이기 시작했고
시가 나에게 손짓합니다.
나는, 어느 만큼을 더 달려야 완주 할런지...

두루마리 화장지

–황진이 환속하다 5

개똥밭에 굴러도 이승이 낫다는데
그냥 둥글둥글 살자고요
인생 뭐 별거 있나요?
건너 옥상을 내다보곤
젖은 손 화장지로 닦으며
먼지 묻은 옷 탈탈 털던 당신
두루마리 화장지를 베도 잠들긴 마찬가진데
독을 품은 식충식물에게도
개울가에 피어있는 애기 똥 풀도
꽃 대궁은 텅 비워두고 있어
용서도
미움의 그늘에서 솟는 화해라는데
저렇게 오장육부 텅 비워놓고
겹겹이 둘둘 말은, 빈 들판을 지키는
허수아비도 있잖아요
인생 뭐 별거 있어!
팡팡 큰소리 한번 쳐 보며 살자고요
한세상 굴려 술술 풀어가며 살아보자고요

서로 다른 세상

나는 세상이 궁금하면 안경을 쓴다
안경안의 세상과 안경 밖의 세상
더 크고 환하게 세상이 보이고
작아지는 내안의 나를 들여다보기 위해
시안이 밝아지는 돋보기를 써본다.
그러면 내 속에 우글거리는, 꺼내면 살코기일 뿐인
뇌와 심장에서 용암처럼 끓어오르는
그 무엇은
안경을 가슴에 대어도
머리에 대어도 보이지 않는데
어디선가 집을 짓고 있는지 스멀스멀 거린다.
안경을 벗는다
더 작아지는 내 안의 모습, 그 속엔 항시
생각과 행동이 각각인
자신을 어둔 곳에 숨겨두고
제 세상 하나 환하게 밝히지 못하는
바보 둘이 윗집 아랫집 한 몸통 속에서 살고 있다
당신이 저 만큼 간다. 그러나 언제나
당신은 내 속에 살고 있는 별의별종이다

길가의 조약돌

부피가 작다고 걸어온 길도 짧은 건 아니지
어렵사리 천길 만길 돌아보며, 발 길 채여 구르며
이 땅의 숨결까지 품었으니
모난 성품 둥글게 닳을 동안
이 천지의 나이까지 담겨 있어
부족할수록 미묘한 힘 용솟음 되듯
이산 저산 이길 저길 다 돌아 다녔을 저 조약돌
저문 불멸 지켜가는 인내로
제 부피보다 더 무거움 안고 가는 개미들을
이 땅이 품어주는 한
여리 디 여린 알을 낳아 번성케 하려는 여왕개미
그 모성애를 사랑 하리니
어쩌면 네 품속에 개미 한 마리 품었을지 모를 일이지

이나영

대구 출생
포엠스쿨 정숙반 회원
대구문학아카데미 회원
사회복지사
cjd5900@hanmail.net

노을빛
매화 꽃잎은 떨어지지 못하고
세상에서 가장 따뜻한 외투

시를 짓는다는 것은
우물 속 갇혀 허우적이는 또 다른 나에게
두레박 던져주고
호수 속 숨어 빈 햇살만 잡으려는 너에게
낚싯대 드리우는 일이다.

노을빛

뱃속에서 꼼지락 꼼지락
복사꽃 환히 피워주던 널 기다리며
베넷저고리에
무지개 빛깔 한 땀 한 땀 심었는데

어느 날, 햇빛 보기 두려웠는지
아기 천사 날개 펴고 날아가느라
핏덩이 쏟아내며
보름 동안 홍건히 하혈만 하더니

매화 꽃잎은 떨어지지 못하고

여름내 목 줄기 태우던 태양빛으로
가슴 숭숭 구멍 내는 가을바람으로
발등 발갛게 얼게 하는 눈꽃으로
속으로 속으로만 꽃씨 하나 키우더니
저 멀리 봄 동산 꽃가마 타고
새악시 울 엄니 시집와 연분홍 부채로 얼굴 가리고
매화나무에 살포시 내려앉았네

꽃피자마자 징용 끌려가는 신랑과
생이별 칠 년에
엄동설한 시집살이 겨우 넘기더니
삼십 년 공들인 자식농사,
막내 언 땅에 묻고 삼 년 뒤 또 맏이 가슴에 묻었네
남긴 손자 돌보며 팔십 평생 호미파면서
그 모진 꽃샘바람에
꽃잎 떨어지고 싶어도 못 지니
머리만 하얗게 자꾸 물들이고 계시네

세상에서 가장 따뜻한 외투

첫눈이 꽁꽁 얼어붙은 밤거리
안개꽃 핀 가로등 아래
젊은 남녀가 서로
꽉 껴안은 채 걸어가고 있다

연인의 체온으로 데워지는
세상에서 가장 따뜻한
그 외투
어느 매장에서 날 기다리고 있을까?

오미광

전북 전주 출생
〈지구문학〉 등단
포엠스쿨 정숙반 회원
kkwangmi@naver.com

사월
복돈
비밀

산다는 건 마치
보물찾기놀이가 아닐까?
힘들고 외로운 삶 속에서
얻어지는 기쁨과 감동들,
시는 보물찾기 같은 것이다.

사월

조팝나무 긴 손끝에

몽실몽실

하얀 구름송이들 내려앉아

봄이 겨운지

꾸벅꾸벅 졸고 있다

복돈

새해 아침
서른 살이 훨씬 넘은 자식이
칠십이 가까운 아버지에게
복돈으로 받은
빳빳한 만원권 지폐 한 장

일년치 복을 간직하고픈 생각에
헌 지갑에 쑤욱 넣어놓고
당장 몇 천원이 궁할 때도
꺼내 보지 않았는데

세밑에 선 지금
아버지에게 받은 마지막 복돈이 되었네

하지만 나 외롭지 않네
그 한 장에 담긴 아버지 손길
무시로 느끼며 살아갈 테니

비밀

혀끝에
닿으면
금세
녹고 마는
솜사탕 같은

입김을
불면 불수록
곧
터지고 마는
고무풍선 같은

달콤하지만
벼랑 끝에서 흔들리는
약속

이승현

대구 출생
대구문학아카데미 회원
포엠스쿨 정숙반 회원
katten@hanmail.net

4월, 돌담엔

흐린 날의 외출

장미 – 드라이플라워

봄은 우리가 알지 못하게 찾아와,
종종.. 한줌의 모래처럼, 손가락 사이로 빠져나가 버리지만,
그 사이에 얼마나 많은 열매들이 맺히는가?

4월, 돌담엔

차가운 공기와 심사 풀린 햇살이
밤낮으로 다투는
나지막한 아파트 돌담 위
한 송이 개나리가 고개 들고 둘의 쌈박질을 구경하더니
어느 새
구경꾼이 한 소쿠리다

로얄석, 가지 위에 자리 잡은 놈도
제 풀에 힘 빠져 폴삭 바닥에 주저앉은 놈도
흥에 겨워서

벚나무 가지 사이, 딴전 피던 바람도
불러 들여
이리저리 내달리며
가스락..... 가라락...,

봄은, 그 틈새를 밀고 살며시
고양이 걸음으로 다가온다

흐린 날의 외출

비디오테이프와 8월호 '보그'를 건네고 철제 회전문의 따뜻한 배웅을 받는다. 하늘은 흐리고 날은 더 어두워져 나무들은 세포를 곤두세워 사라져가는 빛을 잡으려 한다. 습하고 무거운 대기와 가벼워진 매연 사이로 발은 점차 스텝을 밟는다. 도시의 수풀 사이로 들어가 삐죽삐죽한 머리 꼭대기에 대못을 박고, 철갑상어의 아가미를 달고 있는 전압계를 안은 회색 몸체를 바라본다. 철갑상어의 몸 주위는 빼곡히 그물 같은 전선이 감싸고 있다. 회색 공기가 몰려온다. 고개를 흔들며 횡단보도를 건넌다. 아스팔트 위로 빗방울이 한두 방울 떨어지고 가로수는 빗물에 젖어 손가락을 휘젓는다. 아파트 단지로 들어서자 빗방울이 굵어진다. 어느새, 비가 쏟아지고 물방울 하나가 각막에 닿는다. 시야가 흐려졌다가 맑아진다. 빗물은 모든 갈라진 틈 사이사이를 채운다. 아스팔트의 갈라진 틈을 흘러내리고 흰색과 빨간색 보도블록이 촘촘히 얼기설기 엮인 인도의 수많은 상처를 채우며 적신다. 모든 것을 쓰다듬는 물은 흘러내려 강으로 바다로, 내 어머니의 품으로 향한다.

장미
-드라이플라워

핏빛 한 장의 꽃잎이
바싹 마르다 못해 떨어진다

이십대의 갓 피어난 모습으로 박제된
내 친구, 영아

새침한 가시를 세우는 것도 잠시
숨소리도
향기도 잃어버리고

시간은
비록 시들었지만 겨우 남아있던
날개 몇 잎마저 부숴버린다

그녀의 어머니와
우리 가슴속엔 여전히 장미 한 송이로 피어
생긋이 웃고 있는데

이영록

부산 출생
포엠스쿨 정숙반 회원
자영업
kr20rock@ivyro.net

비밀로 키우는 나무

능소화

그녀의 우물에서

낡고 외로운 쪽배 하나가 노을 녘에
시어를 단 돛과 씨름하고 있다.
곧 어둠 내릴텐데 바람이 알맞게 불어주지 않아도
안개가 앞을 가려도 동 틀 무렵엔 섬에 안착하여
안도의 휘파람소리를 들을 수 있으면 좋겠다.

비밀로 키우는 나무

배롱나무 한 그루 키웠으면 좋겠다
내 눈동자에만 갇히고
내 눈길만 기다리며
머쓱하게 키만 자란 게 아니라
나와 마주서면 눈높이가 알맞으며
환하게 드러나지 않아도
소담스럽고 수더분한 꽃 피우는.
매일 아침 옆구리 살짝 건들면
잎새 살랑이며 간지럽다고
온갖 애교를 떨지만
가끔 투정도 부리며
농담이나 비밀 스스럼없이 나누다가
눈짓만 하면 달려와 품에 쏙 안겨드는
애인
나 혼자 몰래 키워봤으면 좋겠다

능소화

안방 창문을 열면
화사한 노을처럼 곱게 피어
뒤란까지 환하더니
언제부터 위장 속에서 꽃을 피웠던지
야금야금 몸을 갉아먹은 암세포가 서러워
너무 서러워서 못 견디겠다며
시들지도 않은 채
훌쩍, 제 자리를 떠나버린 꽃
일찍 퇴근하라며
김치찌개 끓여 놓았다며
보채던 소리 들리는 듯한데
지금은 어디서 어느 하늘을
노을빛 부침개로 구워내며
날 기다리고 있을까

그녀의 우물에서

언제부터인가 나,
어두운 글의 눈짓에 마음 빼앗기고
무거운 음악의 애무 받아들이며
가슴에 손바닥만한 우물을 가진
그녀를 좋아했다
서른 자(尺)만 다가와도
그 훈기를 느낄 수 있었기에
그러나 점차 미소에 인색해지는 그녀를 닮아
밝게 웃던 내가 보이지 않는다
그것이 우물 탓이라면
머지않아 밤낮을 잊은 두레박질은
내 혈관마저 굳어지게 하리라
다시 몇 해 가면 유일하게 내 것이라 자랑하던
그림자마저 포개질 텐데 그 때,
나는 어디에 있을까
그 잘난 시, 그녀의 우물에 빠진
내 자아는

月岩 이희정

전남 구례 출생
〈문예사조〉 등단
시집 〈여름밤〉
포엠스쿨 정숙반 회원
전북문인협회 회원
한국현대시인협회 회원
hjlee20034@hanmail.net

내 외도가 너무 길었다.
까까머리로 설계했던 집을
다 늙은 말년에 들어오겠다니
받아줄 이 뉘 있겠는가.
찌그러진 문간방에서 걸식하며 지내지만
그래도 그게 좋아 열심히 흥얼대며
즐기고 있다.

금강 하구 둑에서

한걸음에 달려가서
끌어안아 보고 싶은
철새들의 놀이마당
봄이 가까워서 더 아쉬운 건가

겨울을 물고 날아오른 철새 떼
곡선의 파도로 하늘을 덮고 군무를 춘다.
물에 빠진 희멀건 겨울 해를
건져 올리려는 듯
날개를 물들이고 있는 노을빛 속에서
밀고 당기며 날아도
해는 빠지고

물길 따라 떠내려 온 얼음덩이
녹아들며, 놀던 철새들 떠나보낸다
그 철새들 따라 겨울도 그렇게
가고 있는 것인가

노숙자

가슴에 두껍게 쌓인 갈증을 안고
삶의 골목길을 밤낮 없이 더듬어도
오아시스는 없었다
그래도 집에서는 웃고 있는데
웃으면 자꾸만 눈물이 난다

눈물이 바닥나자
나를 매달고 있는 나무 가지 하나가
툭하고 부러지면서
땅 밑 지하철로 내동댕이친다
흘릴 피 한 방울도 없고
아프다는 말 한마디 할 수도 없다

몽유병이기를 바라는
벌레 한마리가
더듬수염이 빠져버린 채
지금도
땅 밑 바닥에서 어둠을 더듬고 있다

상가

– 喪家 풍경

가을이 와야 피는 줄 알았던
국화꽃이
어디선가 무더기로 실려와
추모의 댓돌 위에서
피붙이의 눈물대신 울어주고 있다

하얀 백지에 하얀 연필로 쓴
조의금 봉투가 수북이 쌓이고
겉으론 삼베 두건을 쓰고 있지만
검은 넥타이 뒤엔
빨간 장미꽃 피워내면서
눈알 굴리기에 바쁜 상제들

망자는 홀로
불꽃 튀는 화덕의
뜨거운 눈물 속에서
이승에서의 마지막 미련 태우며
화끈하게 최후를 마치는데

정경자

경북 경산 자인 출생
〈문예비전〉 등단
포엠스쿨 정숙반 회원
대구시인협회 회원
은시동인 회장
jungjkj05@hanmail.net

시계는 초침의 노예이고
해의 노예이고
나의 노예이기도 하다.
우린 같이 쳇바퀴를 돌리고 있다
시 또한 그런 게 아닐까.

수수껍질

어둠살이 까만 망사 천을 길게 내려 까는
저녁 무렵
마당가로 수수껍질 빨갛게 허접바람에 쓸려와 있다
할머니의 키질에 쫓겨나서
쭉정이 끼리끼리 모여 수군대고

고추잠자리 눈망울 같이 붉은 알맹이는
할머니가 챙기시고
담벼락 밑 작은 화단에다 맏사위를 위해
씨암탉 잡아 씻은 핏물로
붉은 닭 벼슬 꽃을 피워 올리는 일도 할머니

하얀 분 발라 발그레하게 매만진 곶감을
만물상, 다락방이 숨겨두었다가
손자나 늙은 딸에게 넌지시 인심 쓰시던
그 방의 주인도 할머니였었는데

이제 어머니도, 나도, 세월의 장난감이 되어
점점 수수껍질이 되어가고 있는가

콩 타작

무엇이 두려운지 구석방 캄캄한 어둠 속
헤치고 나올 생각도 없이 웅크리고 하품만 해대는
동자승

몇 번을 어험, 헛기침 해보지만 기척 없어
맵게 맞아봐야 새롭게 태어나 세상을 바로 알 수 있다며
중생들 혀끝을 감칠맛 나게 할 수 있다며
노스님 연신 죽비로 내리치신다
깜짝 놀라서 톡, 톡, 튀어 오르다가 엄살을 떨다가
게으름이 다시 마당으로 내려 앉아
이리 뒹굴 저리 뒹굴 하는데
그 잔 머리 속으로 까막까치들 우르르 날아든다

급한 스님의 호통이 처마 끝 풍경을 울리다가
보리수나무 가지에 올라앉는다
느긋이 풍경 살피던
햇살이 고 작은 머리통들을
얼마나 익었나 하고 콩, 콩, 두드려 본다

손목시계

수갑이다
스스로 채운 수갑이다

아침 6시에 일어나 운동하고
7시30분에 아침 먹고
그의 주문대로 하루 일과를 시작한다
시시각각 그의 다그침에 눈치를 보는
나는 일찍부터 충실한 종이 되어있다
이제까지 다람쥐 쳇바퀴 돌리느라 초침은 빨랐지만
긴 세월동안
마모되어 연자방아 돌리듯 느릿느릿
그도 언젠가 멈출 것이다
끝내 가쁜 내 숨결도 어느 날 멈추고 말 것이다

따지고 보면 시계는 초침의 노예이고
해의 노예이고
또한 나의 노예이기도 하다
우린 같이 쳇바퀴를 돌리고 있다

정미상

경남 함양 출생
〈문예비전〉 등단
대구문학아카데미 회원
msj3200@hanmail.net

황혼에 노을 속을 거니는
때늦은 산책입니다.
언제나 조심스러움이
내 발걸음
주춤거리게 합니다.

고들빼기김치

세상의 쓴맛을 일찍 알아서인지
그 줄기 속에 하얀 눈물이 맺혀 있다
열흘 굶은 쓰디쓴 어미의 젖인가
검게 마른 테두리 그래도
과도로 긁어 소금물에 담갔다

며칠 우려 차분히 숨죽은 줄 알았는데
아직도 네 활개 다 뻗고
몸을 꿈틀대는 것도 있다
철없이 꽃 한 송이 더 피우려 했는지
어떤 뿌리는 철심을 세워 아주 딱딱하다

그래 어쩌겠나 …
그의 끝없는 욕심의 뿌리 깨끗하게 잘라 버리고
호졸근한 것만 골라 갖은 양념에 버무렸다

저녁 밥상이 상큼하다

은행나무

지폐들이 날아다닌다
파산 선고한 어느 은행이
간밤 내린 비로 물 묻은 금빛 지폐를
쥐꼬리만큼 부는 바람 따라 한 소쿠리씩 쏟아 붓는가

워낙 세상이
억! 억!
그것도 수백억씩
예사로 들고 튀어버리는 통에

가진 것 없는 이도
억 소리 나는 곳에 귀동냥 보내놓고
물질을 초월한 성자가 된 듯
어깨 축 늘어뜨리고
순금을 밟으며 걸어간다

장미

벗어 버리려 해도
벗어지지 않는
바늘 갑옷을 입고도

피어오르는 제 불꽃에 취해
몸 가누지 못하더니

비스듬히 길가 담장에 기대서서
지나가는 사람 마음 빼앗으며
깔깔거리다가

오월 한낮의 햇살 머리에 이고
조는 듯 아니 듯 아스라이
꿈속을 헤매고……!

최시리

대구 출생
대구문학아카데미 회원
포엠스쿨 정숙반 회원
agatha1115@hanmail.net

계약노동자
살보시 공양
관계를 위해

서로의 가슴에 가시 뽑아주어
상대방이 머물
공간을 넓혀 볼 궁리에 잠긴다.

계약노동자

제 개성대로 물든
단풍잎들
하나 둘 떨어지고
문풍지가 바르르 떨 때면
그들 가슴에 무거운 돌 하나
점점 깊이 박혀서
핏빛 무늬가 새겨진다
여름 한 철 뿐인 반딧불 생은
근근이 이어지기도 하지만
겨울이 오면
온 가족 냉이 풀씨가 되어
회오리바람 따라 흩어지기도 한다

살보시 공양

채칼의 표독스러움에 얇은 옷 벗겨진 무가
허연 속살을 드러낸 채
도마 위에서
사각사각, 다시 조각난다

아직 꿈이 남아있는 푸른 윗부분은
내 미래를 위해 아작아작 씹어 삼키고
희고 굵은 아랫도리는 그동안 품었던 바람
다 뱉어 내도록 말린다

따가운 햇볕이 휘두르는 빗금에
뒤틀리고 깊은 주름살 패여
오그라지는 버려진 꽃 무덤으로 보이지만

어느 살뜰한 손길에서
다시 불려지고 온갖 양념으로 치장되면
또 다른 맛으로 다시 태어난다

관계를 위해

부부란
서로의 디딤돌이라 믿었는데
때론 미끈거리며 구르기도 한다

지난 가을부터 쌓인 낙엽에는
숨겨진 세월의 흔적이 있어
어디에 발목을 잡힐 덫이 있는지
깊이를 알 수 없는데

모처럼 가지산 시원한 그늘에서
가쁜 숨 몰아쉬며
서로의 가슴에 가시 뽑아주면서
상대방이 머물
가슴 공간을 넓혀볼 궁리에 잠긴다

하현식

전북 남원
포엠스쿨 정숙반 회원
자영업
2hhsig@hanmail.net

슬픈 수채화

노을

빈 들

나는 바보가 되기 위해 시를 읽고
바보처럼 살기 위해 시를 쓴다.
세상엔 잘 나고 똑똑한 사람들이 넘친다.
나 하나 바보가 된다고 세상이 달라지지 않는다.
그러나 바보가 되는 것도 결코 쉬운 것만은 아니다.
그래서 시를 붙잡고 실랑이를 벌인다.

슬픈 수채화

할머니 고쟁이 속주머니에 모아둔
알사탕들은 녹아 하나가 되고
강물은 쉼 없이 흘러 시계바늘을 돌리는데
나루터 언덕에서 손자 녀석을 기다리는
정자나무 가지에
한가위 달이 걸린다

달빛은 눈 시리도록 강물 위에 잘게 부서지고
강 건너 주막집 불빛도 하나 둘 꺼지는데
뿌리 깊은 정자나무 긴 그림자만 홀로
갈대 울음소리 밤새 듣는다

노을

한 여름 낮이 기울어
서산에 걸린 해가 얼굴 붉히면
나는 자취방 문틈으로
돌확에서 보리쌀을 갈고 있던 건넌방 자취생
숙이의 옆얼굴을 정신없이 바라보고 있었네

아니, 움직일 때마다 푹 파인 웃옷 저고리 사이로
슬쩍슬쩍 내 비추던
갓 피어난 젖가슴을 보고 있었네

그 때의 까까머리 파뿌리 되어 철들었을 텐데
오늘도 나는 얼굴 붉히며
그대 젖가슴 볼 수 있을까 군침을 삼켰네
두근대는 가슴 움켜쥐며
눈을 크게 뜨고 바라보고 있었네

산마루 넘어가다가 반쯤 걸려 있는
그 진한 살빛의 동그스름한 해를

빈 들

동백, 개나리, 백합꽃들을 모두 키워
여위살이 보내고 간장독처럼 텅 비어 버린
가슴 달래려고 놀고 있는 햇살들 불러 들여
놀이판을 연다

술 한 잔에 봄 햇살은 연지 찍고 노래하고
여름 햇살은 땀 흘리며 춤을 추고
가을 햇살은 함박웃음으로 장구를 치고
딸기코가 되어 버린 겨울 햇살은 각설이로
들 주위를 휑하니 한 바퀴 돈다

구경꾼은 없어도 떨어진 낱알들은 빙 둘러앉아
긴 잠들기 전 추억을 위해
깔깔거리고 손뼉 치며 흥을 돋운다
햇살들이 떠난 빈들에 밤이 찾아오면
낯선 땅으로 보낸 자식 걱정에
어머니는
부서지는 별 빛을 모아 꽃주머니를 깁는다

이 름	주　소	연락처
정 숙	706-011 대구시 수성구 범어동 궁전맨션 2동 406호	016-9545-3317
곽미영	704-834 대구 달서구 진천동 595-26, 임진찬 법무사 사무소	019-535-3830
구순자	560-739 전주시 완산구 서신동 광진선수촌 아파트 103동 810호	011-651-3599
기미숙	704-140 대구광역시 달서구 이곡동 동서서한타운 102-507	016-874-0989
김기현	706-032 대구광역시 수성구 수성2가 우체국 사서함 12호	019-514-0411
김복순	704-140 대구광역시 달서구 이곡동 동서서한타운102-902	010-3150-4000
김명희	706-838 대구광역시 수성구 중동 258-7번지	017-501-4687
김미숙	560-821 전주시 완산구 서신동 843-13	011-653-7903
김성덕	302- 753 대전시 서구 월평2동 한아름 아파트 108동 901호	019-486-7355
김청자	701-810 대구시 동구 신암5동 23-35	018-502-3454
김현자	702-785 대구광역시 북구 태전동 관음타운 105-1102	019-524-1300
김형범	703-010 대구광역시 서구 평리동 610-7 011-811-1173	011-811-1173
류영환	110-030 서울 종로구 청운동 50-10 글로리아파크 401호	011-766-7473
류호숙	705-831 대구광역시 남구 봉덕 3동 685-3	016-9540-5669
박금출	110-126 서울시 종로구 종로6가 121-1호 박금출 치과	018-319-8962
박명옥	561-825 전북 전주시 우아동 3가 747-33번지	017-645-3498
박시하	561-203 전주시 덕진구 팔복동 3가 17번지	018-623-4388
배문기	702-894 대구광역시 북구 서변동 1734-5 거성빌라트 201호	016-505-0917
손수진	132-791 서울 도봉구 창4동 동아청솔아파트 106-305	010-7942-2057
손희윤	770-814 경북 영천시 신녕면 완전리 영호아파트 102동502	011-269-2467
신단향	425-130 경기도 안산시 단원구 원곡동 청와맨션 마동 302호	019-314-8006
이나영	702-741 대구 북구 서변동 화성리버파크 105동 706호	016-267-2082
오미광	560-729 전주시 완산구 평화동 동신A 114동 1503호	011-677-0755
이승현	700-751 대구광역시 중구 남산4동 보성황실 107-102	011-806-9058
이영록	711-863 대구시 달성군 가창면 삼산리 65	011-9855-6494
이희정	560-181 전주시 덕진구 금암1동 552-2	011-615-4766
정경자	706-832 대구광역시 수성구수성동 1가 613 신세계타운6동905호	017-504-2479
정미상	704-755 대구광역시 달서구 상인1동 1517 영남아파트 102-1307	016-603-0484
최시리	701-721 대구광역시 동구 불로동 에덴A 8-606	010-7934-6712
하현식	590-110 전북 남원시 신촌동 413번지 019-632-1806	019-632-1806

처용, 詩 뜨락에 서다

1판1쇄 인쇄 | 2006년 5월 05일
1판1쇄 발행 | 2006년 5월 10일

지은이 | 정숙 외
펴낸이 | 이철순

등록일자 | 2003년 5월 20일
등록번호 | 제4-155호
발행처 | 해조음
주소 | (705-817) 대구광역시 남구 대명 2동 1800-6 불교대구회관 2층
전화 | (053) 624-5586
팩시밀리 | (053) 624-5587
E-mail | bubryun@hanmail.net

ISBN 89-954088-5-5 03810

* 책값은 뒷표지에 있습니다.
* 잘못 만든 책은 교환해 드립니다.